如何
将咒诅化为祝福

如何将咒诅化为祝福

How to Pass from Curse to Blessing

叶光明国际事工版权 © 2017

叶光明事工亚太地区出版

PO Box 2029, Christchurch, New Zealand 8140

admin@dpm.co.nz

叶光明事工出版

版权所有

DPM06

ISBN: 978-1-78263-644-1

目　录

引 言

我在世界各地旅行和服侍时发现，人们对于超自然现象主要有两种反应：第一种反应多数发生在西方世界，由于长期受理性和科学研究影响，大多数人难以接受除了五种感官以外的任何信息；只有少数人相信超自然领域的存在，这个领域可能对人类的生活带来正面或负面的影响，然而，多数人对此还是一无所知。

相较之下，另一种反应则大多来自西方世界以外的地区，无论是城市还是乡村，超自然世界的存在对绝大多数人来说，都是不言而喻的事。虽然明白总比无知好，但日常生活中，很多人还是对此感到不知所措，甚至恐惧。如果换个角度，从积极面来看，这种情况说明人们对神的大能持有开放心态，愿意从捆绑中得释放。我相信"**如何将咒诅化为祝福**"的信息会给予很多人帮助，无论他们置身于何处，也无论他们有怎样的文化背景。我多年以来的切身经历已经证实其有效性。这些信息有能力给人的生命、社区、教会，甚至整个国家带来改变。

我深信有很多这样的人：他们在生活中总是被一些莫名其妙的事情困扰。每次成功即在眼前，却似乎总有某种东西阻碍着他们的成功，使他们不能成为完全的人，无法彻底得自由，也不能如心所愿地服侍神。他们可能永远搞不清楚这到底是怎么一回事，也没有能力去面对、去处理。但我知道那一直纠缠他们的是什么，是他们生命中的咒诅。

本书将从《圣经》的角度来解释咒诅的施加方式、来源，以及人们如何弃绝咒诅得释放，并得享神一直以来为他们预备的丰盛祝福。

第一部分
祝福与咒诅的真实性

你是否持续地受到疾病、经济压力或者紧张的人际关系搅扰，内心倍感挫败？你或者你的家人是否定期地遭遇不测？某些人轻而易举地就获得成功，取得成就，你是否对此有过疑问？

我相信在每个人的生命中都存在两股力量：祝福与咒诅，前者有益，后者有害。为了得享神的祝福，远离咒诅，我们需要明白这两股力量是如何运作的。

咒诅不是黑暗时期的迷信思想，我将根据一些人真实的生活经历来证明这一点。他们会惊讶地发现，原来他们不是盲打误撞甚至遗传的受害者（而是因着其背后的咒诅）。咒诅就像一双邪恶的手臂，以黑暗、消极的力量辖制你，并阻碍你自由地表达展现自己的个性。

注明：

The Dark Ages，黑暗时期：是 18 世纪左右开始使用的一个名词，指中世纪早期的西欧历史时期；随着罗马帝国的衰落，西欧进入一个所谓的黑暗时代。这个名称算是颇为贴切，因为大部分的罗马文明在这段期间受到破坏，并且被蛮族文化所取代。这个名称的使用，一方面也是因为从这个时代开始，便只有少数的历史文献流传下来，让人们仅能借由微光一窥当时发生的种种事件。

也可以说是指西方没有皇帝的时期（公元 476-800）；更通常的说法是指公元约 500-1000 年之间。这一时期的特点是经常发生战争，实际上没有城市生活。历史学家们现在很少使用这个词，因为它包含有一种令人不能接受的价值标准。它的比较普遍和轻蔑的含义是指一个文化上的愚昧和野蛮的时期。这个词也被用来指古希腊历史上一个类似的战争时期（公元前 11-前 10 世纪）。

一、神如何改变我的想法

我从未像现在这样关注并确信祝福与咒诅的真实性。祝福与咒诅是有《圣经》依据的概念，但我从前对其意义并没有充分地认识，神借着几年前发生的一件事改变了我的想法。

我在美国一间长老会教会刚刚结束讲道，我注意到会众中的一家人：父亲、母亲和女儿三个人。圣灵似乎对我说："这个家庭有一个咒诅。"一定是圣灵提醒，不会是其他什么原因让我有这个念头，所以，我走过去对那位父亲说："先生，我确信神向我显明你的家受到咒诅。你愿意我奉耶稣的名除去那咒诅，使你们全家得释放吗？"他立即说："愿意！"

我做了一个简短的祷告，虽然我没有触摸他家的任何人，但显而易见当我除去这个咒诅的时候，他们每个人都有明显的身体反应。

然后，我注意到那个女孩的左腿从上到下整条腿都打着石膏。我问那位父亲，他是否愿意我为他女儿得医治祷告。他说："当然愿意，不过，你要知道她的腿在过去一年半的时间里已经断过三次了，医生说没法治愈。"

如果今天我听到类似的事情，就知道一定是有咒诅作祟。我做了一个简短的祷告。不久以后，那位母亲来信向我致谢。她说当他们再次回到诊所的时候，X 光检查结果表明，女孩的腿已经痊愈，并很快就拆掉了石膏。当我细细回想这次经历的时候，我发现在神允许我祷告求医治以前，祂向我显明有咒诅加在这个家，提醒我先除去咒诅。为什么？

我的结论是：咒诅一被除掉，她可能就已经得到医治了。换句话说，咒诅在拦阻她得到神要赐予给她的祝福。

然后，神开始让我对祝福与咒诅有全面的认识。我很惊讶，《圣经》中对这一主题竟然有如此多的论述，不过，牧师在讲道中一般很少提及。发生在我生活中的一件事，却让我深刻意识到不可见领域的真实性。1904 年，我的祖父率领英军远征中国，镇压义和团起义。他回国时，带回来一些中国的艺术品，多年以后，它们成了我们家族的传家宝。我母亲去世后，这些东西都传给了我。我最喜爱的艺术品是一套精美的刺绣，上面绣着四条龙，它被挂在客厅的墙上。当时，我感觉到自己的宣教事工受到阻碍，却无法究其原因。我频频遭受挫败，遇到财务危机，陷入失望中，并出现与人交流不畅，面临各样的问题。最后，经过一段时间的恒切祷告与禁食，我开始注意到自己对那些龙的态度有了改变。我自问，在《圣经》里，龙代表谁？显然是撒旦！

我开始意识到自己把这种东西挂在墙上有多么地不合适，最后，我选择顺服，把这些绣有龙的刺绣品摘了下来。在接下来的几个月里，我的财务状况发生了戏剧性的改变。经历这件事情后，我对申命记 7 章 25-26 节的经文有了新的认识。在这段经文里，摩西警告以色列人勿与迦南人所崇拜的偶像有任何关联。

他们雕刻的神像，你们要用火焚烧；其上的金银你不可贪图，也不可收取，免得你因此陷入网罗；这原是耶和华你神所憎恶的。可憎的物，你不可带进家去；不然，你就成了当毁灭的，与那物一样。你要十分厌恶，十分憎嫌，因为这是当毁灭的物。

把这些假神的像带进家来，不知不觉地，我将自己和家人暴露在咒诅中。我真是感谢圣灵打开了我的属灵眼睛，让我清楚自己做了怎样的一件事儿。

我个人经济状况的改善以及断腿女孩得医治这两件事，让我清楚看到其背后隐藏的共性，咒诅就像一个隐形的障碍。释放的祷告则带来医治，就我个人而言，是经济状况大大的得到改善。还有一个例子生动地表明祝福与咒诅的真实性。有一次我在南非遇到一位犹太妇女，我们就叫她米利暗吧。她信耶稣，得救，并领受了圣灵的洗。她是位非常称职的执行秘书，薪资很高。透过祷告，她发现她的雇主以及公司里所有的部门经理都是一个邪教组织的成员，领头的是个女先知。

过不久，这位老板对她说："我们的女领袖颁布了对我们的祝福，希望你把祂所宣告的祝福打印出来。"但米利暗很快发现，这些内容并不是祝福。作为一个敬虔的基督徒，她向老板解释她不能接受这项任务。老板很通情达理，并向她道歉说，没有意识到这有违背她的良心。

几乎同时，米利暗的双手手指突然全都僵硬，弯曲，无法伸直，没办法做事。疼痛令她无法入睡。医生诊断为类风湿性关节炎。

米利暗的一位基督徒朋友曾经听过我关于"咒诅的原因和医治"的讲道录音，就把三盒讲道录音带给她听，当她听到我带领人做释放祷告时，突然，录音带莫名其妙地卡住，再也播放不出来。

当时米利暗有些怀疑这样的祷告是否有效，若不是为了让朋友高兴，她还不想继续听下去。恰巧她的朋友已经将那段祷告词印出来了，米利暗也同意将它大声地读出来。才读完，她的手指立刻就能完全伸展，疼痛也消失了。

她去找同一位医生为她做检查，医生证明她已经完全康复了。请注意，她并没有做任何求医治的祷告，只是祷告她能从咒诅中被释放出来。

无论我们来自什么背景，我们需要明白，祝福与咒诅的属灵领域并非是黑暗时期留下来的迷信思想。祝福与咒诅是非常真实的，神要祂的子民对此有正确的认识，使他们能够过得胜的生活，并经历神丰富的祝福。

二、施加祝福和咒诅的方式

生活中，祝福与咒诅施加的方式既不是偶然的也不是不可预测的。相反，二者都是按着永恒不变的法则来运作的。历史被两股力量带动着：可见的和不可见的。它们的相互作用决定事情最终的结果。如果我们只将注意力定睛在可见的事件上，时常会无法解释为什么某些事情会发生。

我们都对有形的世界习以为常，因为在日常生活中我们对此很熟悉。很多人的认知也仅限于此，对于这以外的一切则是毫无所知，然而《圣经》却为我们打开了另外一个不可见的、无形的属灵领域。

保罗在哥林多后书 4 章 18 节里同时谈到这两个不同的领域：

**原来我们不是顾念所见的，乃是顾念所不见的；
因为所见的是暂时的，所不见的是永远的。**

物质的东西是非永久性的，唯有在不可见的属灵领域里才存在永恒。祝福和咒诅二者都属于不可见的属灵领域，承载着超自然的、属灵的能力。祝福带来美好的、积极的结果，而咒诅带来的却是有害的、消极的结果。两者都是《圣经》中重要的主题。

祝福和咒诅有两个共性。首先，它们不仅仅对单一个体有影响，还会对家庭、宗族、部落甚至是整个民族产生影响。

其次，祝福和咒诅会世代相传，直至发生某些事情抵消其影响。当然，这一点具有重大的意义。一个蒙受祝福或者承受咒诅的人可能不清楚其源头，因为祝福和咒诅可能源于过去，甚至可以追溯到几百年以前。

我曾经在澳大利亚的阿德莱德以"祝福与咒诅"为主题讲道，过后有一位女士写信给我。信中说，她的祖先来自苏格兰一个称作尼克松的宗族。她有历史证据证明，在 16 世纪，苏格兰和英格兰的宗族战争中，一位苏格兰主教施加了一个咒诅给尼克松族。四百年后，她意识到，发生在她家里的一些事情可以追溯到当时下的咒诅。

祝福和咒诅承载着超自然能力的力量，既可能是神的大能，也可能是邪恶的势力，这些带有力量的话语对人的生活大有影响，甚至会决定人的命运。不仅如此，其造成的影响还会世代相传。

然而，即使你正经历咒诅的影响，我还是要肯定地告诉你，神已经提供了解除咒诅的方法，你不必继续承受咒诅的痛苦。先让我给予详细的介绍。

神是祝福的源头

尽管我们蒙福的方式有很多种，但神是所有祝福唯一的来源。《圣经》中第一次提到神施与祝福是在创世记的 22 章，亚伯拉罕愿意献上儿子以撒，来回应神的要求。在最后的时刻，神用一只公山羊来代替以撒。

> **耶和华的使者第二次从天上呼叫亚伯拉罕说："耶和华说：'你既行了这事，不留下你的儿子，就是你独生的儿子，我便指着自己起誓说：论福，我必赐大福给你；论子孙，我必叫你的子孙多起来，如同天上的星，海边的沙，你子孙必得着仇敌的城门。并且地上万国都必因你的后裔得福，因为你听从了我的话。'"**

> **创世记 22 章 15-18 节**

明白蒙祝福的原因很重要，因为亚伯拉罕顺服神的旨意。这是蒙神祝福的基本原因，祝福甚至延续到亚伯拉罕的后代身上。

当以撒年纪老迈时，创世记第 27 章里描述了以撒如何祝福他的儿子雅各。令人不解的是，以撒当时以为自己是在祝福他的大儿子以扫。以扫那时候外出打猎，因为以撒在为儿子祝福前想吃野味。以撒的妻子利百加利用这个机会欺骗以撒，将祝福给了她喜欢的小儿子雅各。

为了欺骗老眼昏花的以撒，她为雅各换上了以扫的衣服，在雅各的脖子和胳膊上裹上了山羊皮，因为以扫的体毛比雅各浓密。还给以撒做了他爱吃的羊羔肉，然后由雅各端去给以撒吃。以撒为了确定是以扫，就问："你就是我的儿子以扫吗？"雅各回答"是！"雅各撒了谎。以撒相信了，就将祝福给了雅各。

他就上前与父亲亲嘴。他父亲一闻他衣服上的香气，就给他祝福，说："我儿的香气如同耶和华赐福之田地的香气一样。愿神赐你天上的甘露，地上的肥土，并许多五谷新酒。愿多民事奉你，多国跪拜你；愿你作你弟兄的主，你母亲的儿子向你跪拜。凡咒诅你的，愿他受咒诅；为你祝福的，愿他蒙福。"

创世记 27 章 27-29 节

要知道这可是一个极大的祝福，并且世代相传。后来以扫带着野味回来给他父亲，以撒意识到他受骗了，把祝福给了雅各而不是以扫。来看看以撒的反应。

以撒就大大地战兢，说："你未来之先，是谁得了野味拿来给我呢？我已经吃了，为他祝福，他将来也必蒙福。"

创世记 27 章 33 节

以撒以为自己在为以扫祝福，也知道那些祝福的话不是出自于自己。这是预言性的祝福，他必须这么祝福。最后，雅各得到了本来属于以扫的祝福。

16

要知道祝福的属性是超自然的，不仅仅是一厢情愿的想法或者某种情感的表达，而是带有超自然的权柄，能决定人的命运。这一点上，咒诅和祝福有一样的能力。

申命记第 28 章全篇都在谈论各种形式的祝福和咒诅。前 14 节是关于祝福，其余的 54 节是关于咒诅。在经文第 1 和 2 节里，摩西讲述了祝福的原因："**你若留意听从耶和华你神的话，谨守遵行他的一切诫命，就是我今日所吩咐你的，他必使你超乎天下万民之上。你若听从耶和华你神的话，这以下的福必追随你，临到你身上。**"

在约翰福音 10 章 27 节，耶稣将他的门徒称为"祂的羊"，"**我的羊听我的声音，我也认识他们，他们也跟着我。**"其意思相同：听神的声音，并顺服地跟随。

咒诅的原因正好与祝福相反。遭咒诅是因为不听神的声音，不按照神说的去做。拒绝听从和顺服神的话可以总结成一个词：悖逆——不是与人做对，而是抵挡神。根据我个人的研究，我对祝福和咒诅进行了总结，并按照申命记第 28 章中的次序列出两个表。以下是关于祝福的列表：

◆ 高举

◆ 健康

◆ 倍增

◆ 昌盛

◆ **得胜**

◆ **蒙神悦纳**

在咒诅的列表当中，摩西对其的描述要比祝福详尽得多。从根本上讲，咒诅与祝福相反。以下是关于咒诅的列表：

◆ **屈辱**

◆ **不育或者不结果实**

◆ **身心疾病**

◆ **家庭破裂**

◆ **贫穷**

◆ **受挫、失败**

◆ **压抑**

◆ **神不喜悦**

在申命记 28 章 13 节里，摩西用一个生动的话语描绘了祝福。我们每个人都应该好好思考如何将其应用到自己的生活中去。

他说："耶和华就必使你作首不作尾……"我求问神向我显明如何将其应用到我的实际生活中，他这样回答我：为首的有决策权，作尾的只是被拖着走。

你是为首的吗？掌控大局，制定恰当的决策，直至看到它们成功地实施。还是，你仅仅是作尾的？受制于你不知情也无法控制的力量和环境。

第二部分
咒诅的根源

在箴言 26 章 2 节里，所罗门清楚地指出，每个咒诅都有原因。

麻雀往来，燕子翻飞；这样，无故的咒诅，也必不临到。

咒诅不会无缘无故的发生，背后一定带有原因，无论何时，咒诅是有根源的。在圣灵的引导下，我们不仅要找出咒诅如何发生，还要查出其根源。当你遇到一些不寻常，看似咒诅的状况，如果能究其原因，你就可以有效地处理它。

我们将在本部分探讨咒诅产生的主要原因。阅读之后，你会对咒诅有更深入的了解，并在下一部分中，学到如何用神赐予的方法除去咒诅，得到释放。

三、源自神的咒诅

很多人对神的属性有误解，并被错误地引导。他们认为《旧约》中的神是愤怒施行审判的神，而在《新约》里，神是满有慈爱和怜悯的神。

然而，《旧约》和《新约》对神的描述是一致的，我们对神应该要在两个方面都有准确的认识。在罗马书 11 章 22 节里，保罗将神属性的两个方面都作了描述："可见神的恩慈和严厉……"神祝福源于祂的慈爱，审判源于祂的严厉。两者同样真实。

有很多次神宣布对某人甚至整个民族的咒诅，其目的是要引起人们的注意，警告他们悖逆的可怕后果。咒诅是神严厉审判的一种形式，但祂所期待的是要人悔改，并归向祂。咒诅是源于神，其最初的一个例子是在创世记 12 章，亚伯拉罕被呼召中体现的。这个呼召实际上分七个阶段，其中六个阶段是神的祝福，但也有一个阶段是严重的警告：

(1) 我必叫你成为大国；
(2) 我必赐福给你；
(3) 叫你的名为大；
(4) 也要叫别人得福；
(5) 为你祝福的，我必赐福与他；
(6) 那咒诅你的，我必咒诅他；
(7) 地上的万族都要因你得福。

创世记 12 章 1-3 节

1. 反犹太主义

神对亚伯拉罕的第六个呼召是：若有人咒诅亚伯拉罕，也包括亚伯拉罕的子孙后代，那人必被神咒诅。当神给一个人特别的呼召时，这个人就成为撒旦攻击的目标，所以神为他设立了保护条款。

后来在创世记 27：29 节里，以撒祝福他的儿子雅各时，他也加了这项保护，**"凡咒诅你的，愿他受咒诅；为你祝福的，愿他蒙福。"** 因此，神最初对亚伯拉罕的祝福也延续到他子孙的身上，这祝福是延续到整个以色列国的犹太人身上的，明白这一点很重要。

注意：神并没有保证亚伯拉罕和他的子孙不会被仇敌咒诅或逼迫，但神确保这样做的人，其结果必定可怕。反犹太主义的悲惨历史就是一个发人深省的见证。反犹太主义带来了从神而来的咒诅。

遗憾的是，过去几个世纪以来，教会在这方面时常有亏欠。在高声反对反犹太主义的同时，教会对反犹太主义的受害者——犹太人，却有着极大的属灵亏欠。没有犹太人，就没有使徒，没有《圣经》，也没有救世主。也许你本人或是你的祖先曾与犹太人为敌，也许你曾批判他们，甚至咒诅过他们。诸如此类的行为，会带来咒诅的后果。不过，你可以透过除去咒诅，得到释放。

2. 悖逆

在申命记 27 章 11-26 节里，神要以色列人进入应许之地后，若是在某些方面违背了神，就要承受十二个咒诅。顺服蒙祝福，悖逆受咒诅，否则他们无法进入应许之地。在两者之间，没有中间的选项，也没有其他的选择。

这十二项咒诅可总结为下列几类：

◆ 拜偶像、敬假神

◆ 不孝敬父母

◆ 不正当或违反自然的性行为

◆ 欺负弱者和无助的人

3. 拜偶像、敬假神

在出埃及记 20 章 3 节里，"十诫"的第一条，神说："**我是你的神⋯⋯除了我以外，你不可有别的神⋯⋯不可为自己雕刻偶像。**"所以，我们知道敬拜假神以及各样的偶像就是悖逆神。真神先是在创造中被揭示，然后在《圣经》中更完全地被启示出来，祂是圣洁的、可畏的、荣耀的、全能的。拜任何其他形式的受造物，无论是人还是动物，都是对神蓄意的冒犯。我们也可以由此明白，为什么拜偶像会激起神的震怒。

> **有人制造耶和华所憎恶的偶像，或雕刻，或铸造，就是工匠手所作的，在暗中设立，那人必受咒诅！**
>
> **申命记 27 章 15 节**

然而，还有另外一种涉及更广范的行为，不是公然地拜偶像，而是举行一些仪式，甚至是带有宗教色彩的仪式。因为其实质被一些具有欺骗性的术语掩盖起来，可能用"神秘学"或"秘术"来形容更为合适（该词源于拉丁语，意思是"隐藏的"或者"掩盖的"）。这些神秘的仪式着重于人性中两种最强烈的渴望：知识和权利。通常，透过自然资源、物质或一些手段就能够满足人对知识和权利的渴望。当一个人无法靠这些方式得到满足，他会转向以超自然的方式寻求满足。如此一来，他将很容易陷入神秘的邪教网罗中。因为整个宇宙间，实际上只有两个超自然知识和能力的来源：神或者撒旦。若源于神，则是合理的；若来自撒旦，则是不合理的。正是这种对于不合理知识的渴望，使得人类在伊甸园里首次犯罪，来自分辨善恶树的知识是人类不可触及的。当人类触犯了这个禁忌，就跨越了一道隐形的界线，进入撒旦的领地。自此，人类极易上当受骗。

骗术形式五花八门，层出不穷。主要分为这三类：巫术、占卜和法术。妖术是邪术的一大分支，撒母耳记上 15 章 23 节的经文用一句话简洁地揭穿了妖术的本质：**"悖逆的罪，与行邪术的罪相等……"** 妖术是人悖逆神的一种表现形式，是人试图通过无视神的律法来达到自己的目的，其驱动力是控制人和环境的欲望。为了达到目的，可能会利用心理压力或者超自然的手段，或是二者兼具的方式来操纵、威胁和掌控他人。

占卜是邪术于知识上的分支，通过非自然手段获得各种类型的知识。最为普通的一种形式是算命，提供关于未来的超自然知识。还包括各样声称来自超自然形式的虚假宗教启示。

巫术则是藉着某些物品去控制人的感观，比如毒品和音乐。在启示录 9 章 21 节里，巫术一词直接源自希腊文的毒品。很多不同种类的物品都可用来当作巫术的道具，如宗教文物、异教偶像、咒文、护身符、占卜板等，这些都是一些常见的道具。另外，书籍也能成为传递巫术能力的途径，意识到这一点也很重要。

以弗所的信徒（见使徒行传 19:18-19）意识到他们拥有的很多邪术书籍是辖制捆绑他们的根源，他们遂不考虑这些书的价值，立刻将它们收集起来，一起烧毁。处理这些邪术书籍最有效的办法就是将其彻底销毁。这些进入邪术领域的人正在搜寻来自撒旦的超自然知识或能力，但神禁止人从祂以外的任何地方获取这些知识或能力。这样做的人，实际上是摒除了唯一的真神，而将撒旦当做神。所以，他们违反了"十诫"的第一条诫命。

因此，他们将自己置于咒诅之下，这咒诅是神向所有人所颁布的，任何违背"十诫"的人都要承受，并且这咒诅要延续四代。所有涉各种拜偶像、敬假神，或是邪术行为的以色列人，都要承受咒诅。这是人们生活中存在咒诅的主要原因。如果我们确实有涉及这类仪式，神说："咒诅将延续接下来的三代。不仅是你自己，还有其后的三代。"

所以，生活中，你现在所面临的挣扎可能是你的父母、祖父母，甚至有可能是曾祖父母或其他先祖们引起的。正确诊断和识别问题根源所在非常重要，以便你更好地正确面对，并处理你现在的挣扎。

感谢神，祂预备了除去咒诅得释放的途径，释放从这一源头来的咒诅！在最后审判的日子，神不会将因祖先而加在我们身上的咒诅这罪归于我们，但我们如果拒绝接受神的恩惠，就是从咒诅中得释放的恩惠，神将会视我们为有罪。

4. 不孝敬父母

在这一点上我们要小心谨慎。的确，我们有些问题是由于其他人的错误行为引起的，但我们也必须为自己的错误行为负责。如今，无数的人，包括基督徒，不知道不孝敬父母也会带来咒诅。很多人生活中的问题是来自于他们对待父母的态度而引发的。尽管没有完美的父母，但并不意味父母就不应该被尊重。切记第一条含有祝福的诫命是以积极的方式表达出来，**"要孝敬父母，使你得福，在世长寿。"**

纵观我的服侍经历，我从未遇过一个不孝敬父母的人日子还能过得很好。从未有过！不孝的行为会自动将你置于咒诅之下。我并不是说你要赞同父母的各样观点，做他们要你做的任何事情。但你一定要孝敬他们。我见过很多人，当他们能够以正确的态度对待父母的时候，他们的生活就很平顺。

我想起那些因不孝敬父母而从未蒙福的人，其中一位是我家族的一个成员。四十年前，他死于癌症。他虽然得救了，也受了圣灵的洗，并服事神，可他却从未得享神的祝福，因为他和他母亲关系一直都不好。他母亲是巫师，可以想像她有很多的问题。如果他能处理好与母亲的关系，本可以摆脱许多问题的搅扰。我不是在教导理论，而是在教导我从亲身经历中得知的东西。

5. 不正当或违反自然的性行为

任何形式违反自然的性行为都会带来咒诅，包括同性恋和兽奸。与妻子或者丈夫以外的人有性行为也会带来咒诅。可悲的是，如今我们不得不承认有数以百万的儿童是他们父辈兽性淫行下的牺牲品。

6. 欺负弱者和无助的人

由于美国政府经常不遵守与美国印第安部落签订的条约，印第安人就对白宫施加了咒诅。致使从 1860 年到 1980 年期间，每隔二十年，就会有总统死于任期之内。追溯历史，有两件事都与此有关，一件是美国政府不讲信用；另外一件是 1860 年当选总统的亚伯拉罕林肯允许他妻子领着一个巫师在白宫里实施招魂术。后来林肯的妻子死在一家精神病院。

由此可见，参加与邪术有关的活动不仅是对个人有影响，也会影响整个国家。

我相信里根总统本来也是应该死在任期之内的，如大家所知，有人企图在他任职宣誓时刺杀他。然而，就在他任职宣誓前，我们一群人在一个大型聚会上凭信心祷告，不但为他，也为以后的总统在任期内脱离咒诅而祷告。咒诅差一点就应验了，因为子弹就停在离他心脏仅仅一英寸的地方。我相信这是神对我们祷告的回应。这不是一个抽象的理论，咒诅对个人生活以至整个国家的消极影响无所不在。

7. 自加的咒诅

在耶利米书 17 章 5-6 节中，还提到一种完全不同的咒诅。

> 耶和华如此说："倚靠人血肉的膀臂，心中离弃耶和华的，那人有祸了！〔而这咒诅是〕因他必象沙漠的杜松，不见福乐来到，却要住旷野干旱之处，无人居住的碱地。

这是人活在咒诅之下的典型例子。其他人都得到及时雨（祝福、昌盛），但唯独他住在干旱之地，从未体验过祝福。为什么？因为咒诅的缘故。这人依靠个人的能力和物质条件，他的心离弃神。并不是说这人想做恶事，而是说他不愿受神的约束。这

种人甚至有可能想靠己力伸张正义，却不依靠神的
超然恩典。

　　我相信很多教会在这个咒诅之下，他们品尝了
神的恩典，却背离神，开始依靠自己的能力、才智
和宗教。就像加拉太人一样，他们可能"始于圣灵"
却依靠肉体行事。神的祝福离开了，咒诅临到他们。
我在很多教会讲道，对此我很肯定。无论你如何尽
心讲道，奋力争战，如果不除去咒诅，你的努力很
少有果效。

8. 偷盗和伪证

《旧约》的最后三卷先知书是哈该书、撒迦利亚书
和玛拉基书，论及的都是以色列人历经神咒诅的各
样后果。在撒迦利亚书 5 章 1-4 节，先知看到一个
异象，飞行的书卷，正反面写满咒诅。一面是关于
偷盗者的咒诅；另一面是关于那些假借神之名做伪
证的，和起假誓的人要承受的咒诅。

　　一幅生动形象的画面描述了咒诅所带来的毁灭
性结果。在《圣经》原文里，"房屋"一词指的并
不是材料结构本身，而是指住在其中的人。现今，
我们看见家庭生活的崩坏正是这个咒诅深远影响下
的迹象。

　　没有悔改和偿还，可能会导致整个民族甚至是
整个文明的毁灭。如果将这些偷盗和做伪证的人都
算在内，我很想知道会有多少人活在咒诅之下。有

多少人逃税漏税？每个国家都有不少这种人。还有多少人只是形式上的基督徒？

哈该书1章4-6节描绘了一个类似的景象，人种的多，收的少，把工钱放在有漏洞的钱袋里。神差遣先知告诉以色列人那个侵蚀他们供应的无形力量是咒诅，是他们自加的咒诅，因为他们将自己的私欲放在神家的需要之前。

四、权威人物的咒诅

正如我们所知，祝福和咒诅都是不可见之属灵领域的一部分，这一领域影响着每个人的生活。其核心和决定性的因素是**权柄**。对权柄的原则若没有理解，就不可能在属灵领域有效地发挥作用。

1. 代表神的人

整个宇宙独有一个至高的权柄源头：造物主神。神通常不是直接行使权柄，而是指派并授权祂所拣选的人。代表神行使权柄的人有能力施与祝福和施加咒诅。

即使在这个世纪，我们看见全世界都在反抗神的权柄，神权柄的原则依旧像地心引力一样地真实存在。

几个代表神的人，他们的事例足以证明这个原则。在约书亚记 6 章 26 节里，以色列人奇迹般地夺取了耶利哥城，约书亚向众人宣布，任何想重修耶利哥城的人将要受咒诅，那是公元前 1300 年。约莫 500 年后，就是在当我们读到列王记上 16 章 34 节提到的，有个伯特利人希伊勒想要重修耶利哥城。其代价是他死了两个儿子，死因不明，没有医生能诊断出原因，明显地，这是与约书亚宣布的咒诅有关。或许你生活中遇到的某些事情，起因可追溯到几百年前。

另一个事例在撒母耳记下1章21节，扫罗和约拿单死后，大卫所作的哀歌。大卫是一个可怕的施咒者。在这点上，我并不鼓励其他人也像他一样讲这些话。大卫宣告了一些恐怖的咒诅加在一些人身上，因祂是神所拣选的人，他的咒诅也带有权柄。

这咒诅在他为扫罗和约拿单作的哀歌里：

基利波山哪！愿你那里没有雨露；
愿你田地无土产可作供物。
因为英雄的盾牌，在那里被污丢弃；
扫罗的盾牌，仿佛未曾抹油。

这首哀歌虽然写于3000多年以前，今天的基利波山依然是寸草不生。尽管以色列政府尽全力进行绿化，却毫无成效！皆因为3000年前大卫的咒诅。

记得先知以利沙的仆人基哈西吗？他不听以利沙的话，跑到刚刚从麻风病痊愈的乃缦那里去，要了银子和衣服，还瞒着以利沙。他回来以后，以利沙说：**"我的心岂没有跟你去呢？"** 又说：**"因此乃缦的大麻风必沾染你和你的后裔，直到永远。"** 基哈西从以利沙面前退出去，就长了大麻风，像雪那样白（列王记下5:27）。为什么会这样呢？因为这是从属神之人口中所出的咒诅。

2. 人际关系中的权威人士

这是另一个咒诅的来源，非常重要。神设立在人类社会里，在特定情况下，一个人有高于另外一个人或者一些人的权柄。

最显而易见的例子就是父亲，按照《圣经》，父亲在家里具有权柄。对此，无论你是否愿意，赞同还是反对，都不重要。事实是，父亲在一个家里有至高无上的权柄，他不行使权柄那是他自己的问题。另外，丈夫高过妻子。《圣经》说，神是基督的头，基督是丈夫的头，丈夫是妻子的头。女权主义者或许不赞同这点，但这是事实。不可能靠着反对而改变这个事实。

看看雅各家里的情形。雅各为他舅舅拉班做了十四年工，其收获是娶了两个妻子，两个妾还有十一个孩子。然后他决定离开那里回到神赐给他的应许之地。雅各是偷偷离开的，因为他担心岳父拉班不让他的妻子离开，毕竟两个妻子都是拉班的女儿。

逃离的时候，雅各的第二个妻子拉结偷了她父亲的神像。拉班本不应该收藏这些神像，拉结也不该偷这些东西。拉班非常生气，他前来追赶，指责雅各偷他的神像。

雅各不知道拉结偷了神像，对拉班的指责很生气。在创世记 31 章 32 节，他说："**至于你的神像，你在谁那里搜出来，就不容谁存活。**"这实际上就是一个咒诅，是加给妻子拉结的一个咒诅。

可悲的是，雅各这些话不是说说就没事了，而是带有权柄的。后来成为他妻子拉结命运的写照。她在第二次生孩子的时候死了。这是多么严重的事情！父亲在家里就是有这样大的权柄，仅次于神，能得到父亲的祝福是人们最大的心愿，另一方面，父亲的咒诅也是最令人害怕的。很多父亲在不自觉的情况下咒诅了自己的孩子。我对此很了解，因为我曾帮助很多人脱离这样的咒诅。

假想，一位父亲有三个儿子。老大和老三非常聪明，老二略微逊色一些，父亲不太喜欢老二。（我注意到父母的这些行为，其实他们不喜欢的这个孩子通常很像他们自己。我认为他们不喜欢的是自己身上的一些欠缺。）这位父亲可能会对老二说："你永远都不会成功的，你的兄弟们会有美好人生，可是你注定会一败涂地。"

你知道这是什么吗？这是咒诅。当然，极有可能一个母亲也对她的孩子说同样的话。我们也可以因此明白，为什么有如此多的人一生活得挣扎、纠结，都归罪于父母宣告了类似的咒诅。

3. 家庭以外的人

老师是另外一种宣布咒诅的人，因为他们有高过孩子的权柄。有可能是老师多年前教过的一个学生，他真的不知道该怎么教，他可能曾说过类似的话，"你真是朽木不可雕也，你再怎么努力也永远不会成功的。"我曾经就帮助过一个人，除去某个老师施加他的咒诅。牧师有高过会众的属灵权柄，牧师所讲的一些积极或者消极的话语会对会众的生命产生影响。假如一位牧师和一名会众发生了冲突，在一个很不愉快的情况下，这个人离开了。牧师也许会说："无论你走到哪里，都不会成功的，除非对教会持有一个正确的态度。"

这也是一个咒诅。宗教群体里常常有类似的事情发生，一旦你离开某个群体，他们会施加一个咒诅给你。请相信我，这些都是真实的，不是说说而已。

4. 撒旦的差役

基督徒对撒旦的态度往往是两个极端，一些人对其视而不见，完全的忽略牠；另一些人却是对撒旦非常害怕，给予牠过多的关注。在这两个极端里，需要取得一个属灵的平衡。

撒旦的名字就是"敌人"或"对手"的意思，牠是神、人和神旨意的死敌。牠的目地就是要掌控人类，牠的主要伎俩是欺骗，牠是说谎之人的父。

撒旦已经统管了大多数的人，他们全都悖逆神。在以弗所书 2 章 2 节中，将这些人描述为"悖逆之子心中运行的邪灵"。他们对自己真实的境况不清楚，只是被他们无法理解也不能控制的力量驱动着。

他们其中有一些人是故意将自己的心向撒旦敞开，然而，他们可能真的不清楚撒旦的真实身份。在追求权利和物质利益的过程中，他们有系统地操练撒旦释放的超然能力。几乎在所有文化领域里都可以见到撒旦的差役，牠们被冠以各样的头衔，巫医、灵媒和僧人都是常见的，每个文化都有不同的方式称呼他们。

耶稣不否认撒旦是真实的，也不否认撒旦的能力。但耶稣应许说，牠赐给门徒权柄使他们能胜过撒旦，并保护他们不受撒旦的伤害。

咒诅是撒旦仆役用来对抗神子民的主要武器。在民数记22-24章，巴勒和巴兰的故事对此有生动的描述。摩押王知道没有能力胜过以色列人，就请巴兰给以色列人施加咒诅。直至今日，部落之间相互争战，在打仗之前都邀请巫师为敌人施加咒诅。

可是，每一次巴兰想要施加咒诅给以色列人的时候，神就将咒诅变成祝福！神并没有视巴兰的咒诅为空话，认识到这一点很重要。

神把这些咒诅看作是对以色列人的严重威胁，所以，神要亲自干预，不让巴兰达到目的。时间没有改变神的想法，神没有忽视撒旦仆役对牠子民发出的咒诅和攻击。相反地，牠用超然大能装备牠的子民。

当神的子民使用神所赐的大能打破咒诅的时候，他们的生命会有奇妙的改变。世界上很多地区都被巫师们身上看不见的属灵力量掌控。在非洲，人们借着认罪悔改和祷告，除去咒诅得释放，他们的生命发生了戏剧性的改变。以前脸上毫无笑容的人成为最幸福的人，这种改变就如同黑夜变成白昼一般。

有一次，聚会结束后，一个衣着讲究的人走过来，他示意性地掸去身上的灰尘以示对我们表示尊敬。他说："我一直以来都是个巫师，很多年都活在痛苦之中。现在，我得释放，自由了，不再痛苦，非常喜乐。"我们所做的就是除去了他身上的咒诅。在某些方面，现代文明令我们对一些非常真实的属灵事物缺少足够的了解。就算我们不相信这些，我们还是会受其影响。

五、自加的咒诅与血气之言

我们已经看到，透过言语，无论是说出来的还是写出来的，都会带来好的或是坏的影响。我们都曾有过这样的经验，鼓励的言语会带给我们希望，令我们前行。有些话是别人对我们说的，也有的是我们说给自己听的。遗憾的是，多数人没有意识到这些说出来的话，有可能会对自己和其他人产生极大的负面影响。当我们这么做时，实际上就是带出了咒诅。

1. 加在自己身上的咒诅

想想《圣经》中利百加和雅各的故事。利百加劝雅各去得他父亲以撒给长子以扫的祝福，这祝福本该属于以扫的。雅各渴求祝福，就提前筹划，创世记27 章 12-13 节，雅各说，**"倘若我父亲摸我，必以我为欺哄人的，我就招咒诅，不得祝福。"** 他母亲对他说："**我儿，你遭的咒诅归到我身上。"**

因她说这话，利百加就咒诅了自己。后来，她向丈夫以撒抱怨，因以扫娶了她不喜欢的女子为妻。利百加因着没有如她所愿，所以她向以撒抱怨。**"我因这赫人的女子连性命都厌烦了；倘若雅各也娶赫人的女子为妻，像这些一样，我活着还有什么益处呢？"**（创世记 27:46）。

她给自己施加了双重的咒诅，她说厌倦了自己的性命，祈求能过个好日子，也觉得自己快要死了。

我们遇到不计其数的人，对自己说："真希望我死了。活着有什么意思呢？真不想活了。"结果是给自己施加咒诅。这些话可不能这么随口就说出来。这等于向死亡之灵发出邀请，其实，牠也不请自来。我们帮助过很多人从死亡之灵的捆绑中得到释放。

一次在北爱尔兰聚会，我为会众祷告能从死亡之灵中得释放。聚会大约一共有 2000 人，其中 50 人当场得到释放，他们大多是年轻人。

这样绝望的态度是怎么来的呢？有时候，正是因为他们说了一些类似的话，"活着真没意思。我啥都没得到。还不如死了算了。"说这样的话就等于自加咒诅。你可能会说，"其实我不是那个意思"耶稣对这样不经意的话有一个严重的警告。在马太福音 12 章 36-37 节，耶稣说：

我又告诉你们，凡人所说的闲话，当审判的日子，必要句句供出来。

尽管说的人以为"我并不是那个意思"，可这并不能减小或者取消那些话的效力，也不能将他的责任推卸掉。魔鬼就是喜欢欺骗诱惑你如此讲话。通常说这样的话都出于某些原因，你可能心烦、沮丧，讲出这些话时并没有意识到已经设定了自己的命运。

马太福音 27 章 24-25 节经文，有一个自加咒诅的例子，当时本丢彼拉多在公审耶稣。

彼拉多见说也无济于事，反要生乱，就拿水在众人面前洗手，说："留这义人的血罪不在我，你们承当吧。"众人都回答说："他的血归到我们和我们的子孙身上。"

直到你看了这段经文，你才明白为何在过去的一千九百多年犹太人的咒诅会代代相传。唯有神知道犹太人承受的逼迫和苦难有多少是可以追溯到这里。先前，我们看到神是如何保护雅各和他的子孙，就是犹太人，脱离那些试图要加咒诅给他们的人。然而，有一个咒诅连神也无法保护祂的百姓：他们对自己宣布的咒诅。

2. 不符合《圣经》的约

在出埃及记 23 章 32 节，当以色列人要进入应许之地的时候，神警告他们远离当地那些拜偶像的邪恶民族，**"不可和他们并他们的神立约。"**

立约能使人进入最郑重、最具力量的关系。撒旦对此很清楚，所以祂利用与祂立约的关系来辖制人，取得掌控权。如果你和一个在邪恶权势掌握下的人立约，那么你就受到权势掌管的影响。

这在邪教团体里尤为真实。共济会就是这样一个全球性的组织。为了加入这个组织，必须遵守最残忍、野蛮的誓言，发誓绝不泄漏秘密。再也没有比这个自加的咒诅更为可怕的誓言了。

共济会是一个假宗教，因为它敬拜假神。共济会有很多与基督教有关的物品和标志，甚至也有《圣经》，共济会都有，可这是一个精心设计的骗局。共济会所拜的神不是《圣经》所讲的神。

任何人涉足这样的团体，必定为他自己和子孙后代预备了一条灾难之路。唯有神知道那些众多瘸腿的、弱智的、不幸福的孩子疾病的根源，他们的问题可能与其父母涉及共济会有关系。你有选择权去做你想要做的事情，但是后果取决于神，是你无力改变的。

各样的约都是有能力的、受制约的。你不能为着生活中的某件事情和人随便立约，约是耶稣基督用宝血所立的。

很清楚，我们的言语既可以带来积极的，也可以带来消极的影响。发自灵魂深处消极的话语或是祈求与自加的咒诅类似，会产生负面果效。很多基督徒对此可能感到震惊，雅各书 3 章 14-15 节对基督徒提出了警告：

你们心里若怀着苦毒的嫉妒和纷争，就不可自夸，也不可说谎话抵挡真道。这样的智慧不是从上头来的，乃是属地的，属情欲的，属魔鬼的。

雅各书 3 章 14-15 节

要理解这个向下的过程其关键在于了解"属情欲的"（sensual）这个词，该词的希腊原词是psuchikos，直接来自psuche，其意思是"魂"，与其相对应的英文词是"属魂的"（soulish）。

在帖撒罗尼迦前书5章23节，保罗说："**愿赐平安的神亲自使你们全然成圣！又愿你们的灵与魂与身子得蒙保守。**"保罗在这里将形成一个完整的人之三个要素同时放在一起，并给出排列顺序：先是灵，然后是魂，最后是体。

人悖逆的结果是他的灵与神隔离，同时他的魂开始展现他独立的灵。这种新的、"脱节的"关系是人类悖逆神的结局和表现。哥林多前书2章14-15节和犹大书16-17节有助于我们理解一个自然的或者属肉体的人是什么样子。属灵的人按照神的旨意行事，属肉体的人与神不合拍，他可能也去教会，甚至看起来是个不错的基督徒，但实际上，他悖逆的态度和行为令圣灵忧伤，是对基督身体的冒犯。

通过一个人说出的话可以看出来他是怎样的人。在罗马书1章29-30节经文中，保罗将人背离神的各样结果列了出来，其中有"**满心是妒嫉、凶杀、争竞、诡诈、毒恨；又是谗毁的、背后说人的、怨恨神的、侮慢人的、狂傲的、自夸的**"。从中可以看出谗毁在神眼里是一种多么严重的罪。雅各也以同样的方式警告我们，"**弟兄们，你们不可彼此批评**"（雅各书4:11）。

希腊文的原意是"谗毁",所以,我们信徒之间不可以谗毁,即使我们说的是对的。这并不是反对讲真话,我们应该找到那人(见马太福音 18:15-17),然后凭爱心和谦卑的态度说诚实话(依据以弗所书 4:15)。谦卑的态度和清洁的动机会让我们在祷告中依靠圣灵,让我们不但知道为什么祷告,还知道怎样祷告。完全依靠圣灵的帮助才能有效地祷告。在罗马书 8 章 26-27 节里,保罗清楚地指出:

况且,我们的软弱有圣灵帮助;我们本不晓得当怎样祷告,只是圣灵亲自用说不出来的叹息替我们祷告。鉴察人心的,晓得圣灵的意思,因为圣灵按照神的旨意替圣徒祈求。

很多时候我们不知道如何祷告,在此,我要澄清一点,很多人以为祷告总是蒙神悦纳的,总是有好的果效,其实不然。

如果我们没有顺从的心,并服从圣灵的引导,祷告可能是被属世的态度所牵动,比如妒嫉、唯利是图、怨恨、愤怒或者批评。圣灵就不会认同如此的祷告,也不会将这样的祈求带到天父的面前。

如此,我们的祷告就不可避免地变成了雅各书 3 章 15 节中所说的属地的,属情欲的,属魔鬼的。属情欲的祷告所起的作用如同属血气的言谈一样,是消极的,不是积极的,会给我们的代祷对象带来无形的、难以描绘的压力,不但不能卸掉其重担反倒会增加其压力。

有些人为你祷告，不过他们的祷告你最好置之不理。这听起来或许令人震惊，但他们其实是在对别人的事奉指手画脚，按照自己的意愿为别人祷告，根本就不是按照神的旨意来祷告。

你或许有过这样的经历：你每次想要做某件事的时候，会遇到重重阻力，那是因为有人正在朝着相反的方向为你祷告。这样的祷告适得其反。问题不在于我们的祷告是否有效，而是他们的祷告是积极的还是消极的。他们是顺服圣灵的引领在祈求，还是按照自己的情欲在祷告？属血气祷告的能力是真实的，也是危险的。其引发的结果不是祝福，而是咒诅。

六、咒诅的七个迹象

根据我个人的观察和经历，列出了七个咒诅的迹象。如果偶尔其中一两个迹象出现，还不能确定是源自于咒诅。但当其中几种迹象，或者某一种迹象反复出现的时候，就极有可能是咒诅在作祟。然而，最终的确认方式是求助于圣灵，唯有圣灵能够给予绝对正确的"诊断"。

1. 精神或情绪崩溃

如果精神或者情绪的崩溃只是单一个案的话，或许有其他的原因。不过，要是在一个家庭中，这种事情频繁发生，可以肯定这一家是活在咒诅之下。困惑沮丧经常与咒诅有关，其根源十有八九是家中有人涉及某种形式的邪术或者巫术。

2. 慢性或不断复发的疾病

这并不是说每种疾病都是咒诅的直接结果。但那些医学诊断不出结果的无缘无故的病症多与咒诅有关。一些遗传性的疾病，换句话说，就是世代相传的疾病，通常这也是咒诅的一个迹象。

3. 不育、习惯性流产或者妇科疾病

一个家里频繁出现与生育有关的疾病，并影响家里所有女性。我妻子和我经常会遇到有这样问题的妇女来求助祷告，我们先指导帮助她们了解咒诅的本质和原因，然后为她们得释放祷告。因此，我们见到了很多戏剧性的改变。

4. 婚姻破裂以及家人疏离

玛拉基书 4 章 5-6 节描绘了一幅关于世界末日前可怕的画面。先知传达的信息是，有一股邪恶的势力在运行，使父母与子女疏离，家庭关系破裂。他还警告说，除非神介入，否则这毁坏家庭的咒诅将绵延全地，带来毁灭性的灾难。

5. 经济上持续入不敷出

申命记 28 章 47-48 节经文对咒诅的结果给予具体的描绘：

因为你富有的时候，不欢心乐意地事奉耶和华你的神，所以你必在饥饿、干渴、赤露、缺乏之中，事奉耶和华所打发来攻击你的仇敌。他必把铁轭加在你的颈项上，直到将你灭绝。

这两节经文加在一起，可以得出一个简单的结论：昌盛是祝福；贫穷是咒诅。保罗在哥林多后书 9 章 8 节对此做了总结，神的旨意是要祂的子民充裕富足。

神能将各样的恩惠多多地加给你们，使你们凡事常常充足，能多行各样善事。

贫穷是指你在生命中遵行神旨意时所缺乏的；另一方面，丰富是指你拥有遵行神旨意所需要的一切，甚至有余可以帮助他人。

6. 意外事故

有些人时常遭遇意外事故，似乎有一个看不见的、有预谋的势力在对抗他们。统计分析可以确定这一点，鉴于这些人有较高几率遭遇不测，保险公司会提高保险费。

7. 自杀、意外身亡或者早逝

遭受这种咒诅形式影响的不仅仅是某个人，而是一个大规模的社会群体，可能是一个家族后裔群体。通常，它也是代代相传的。

上述七个咒诅的迹象并非涵盖所有，还可能有其他的迹象。至此，你可以对自己的情况进行评估。

第三部分
如何得释放

至此，你是否发现咒诅给你的生命带来怎样的损害？你是否想找寻一条出路，带你走出那拦阻你接受神祝福之光的阴影？你不是一定要活在咒诅之下，无论这咒诅是源于你自己还是父辈。你能在以为自己一辈子都得这么过下去的压力中重得自由。

尽管不都是这样，但通常我们需要查明咒诅的原因。这就是为什么在之前的几章里，我详尽讨论了各种可能性，我相信这是圣灵的引领。通常，神要我们知道我们脱离了什么，以及那是如何临到我们的。如果神向你显明，那么就照祂所指示你的去行。是的，有出路！但只有一条：借着耶稣在十字架上的舍命。

本部分将以简单、实用的语言帮助你找到一条路，并沿着这条神的路，出黑暗入光明，从咒诅走向祝福。

七、神圣的交换

福音的整个信息都围绕着一个独特的历史事实：耶稣在十字架上的舍命。鉴于此，希伯来书的作者如此描述这件事："**因为他〔耶稣〕一次献祭〔牺牲〕，便叫那得以成圣的人永远完全。**"（希伯来书 10:14）这句经文把"成圣"和"永远"两个强烈的词放在一起，"完全"和"永远"。描绘了一个包括全人类各样需要的献祭。而且，其有效性超越时间进入永恒。

这是我们得释放的重要基础。在十字架上，耶稣为我们完成了神所命定的"交换"。首先，耶稣担当了我们的罪孽以及罪的后果。因着耶稣无罪的顺服，换来神给予我们一切本属祂的美善。

让我们来认识这项"交换"的两个层面，使你对救赎的深度和广度有更多了解：

耶稣受刑罚，使我们可以得赦免。
耶稣受鞭伤，使我们可以得医治。

在属灵的领域里，耶稣承受我们的罪孽带来的刑罚，使我们可以得到赦免并且与神和好。

在物质的领域里，耶稣担当我们的疾病和痛苦，使得我们借着祂的鞭伤得医治。

因着我们的罪，耶稣成为罪，因着祂的义，我们成为义。

在以赛亚书 53 章 10 节揭示了"交换"第三个层面的意义,神使耶稣成为"赎罪祭"。这一切在神颁布给摩西各样赎罪祭的律法中都早已预表。

在哥林多后书 5 章 21 节,保罗引用了以赛亚书 53 章 10 节的经文,同时提出了"交换"的积极层面:"〔神〕使那无罪的,替我们成为罪,好叫我们在他〔耶稣〕里面成为神的义。"我们从来都无法靠行为挣得这义,唯有因信称义。

耶稣为我们的死而死,使得我们得享祂的生命。

整本《圣经》都强调罪的结果是死。当耶稣担当我们的罪的时候,祂就不可避免地要经历死亡,那是人类罪的结果。

所有接受祂的替罪代死的人,会得到永恒的生命。在罗马书 6 章 23 节,保罗对比了交换前后的写照:"因为罪的工价乃是死;唯有神的恩赐,在我们的主耶稣基督里,乃是永生。"

耶稣因我们的贫穷而成为贫穷,使我们可以因着祂的富足而成为富足。

在申命记 28 章 48 节,摩西用四个词总结了极度贫穷的状况:饥饿、干渴、赤露和匮乏。耶稣在十字架上尝尽了这一切,使得我们可以经历祂的富足。通常,我们的"富足"也会和耶稣在世的时候一样。我们身上没有很多钱,银行里也没有多少存款，但每天我们所需用的不仅足够，还有多余的能力可以与人分享。

耶稣担当我们的羞辱，使我们可以得享祂的荣耀。耶稣承受我们的拒绝，使我们可以被祂接纳成为神的儿女。

十字架上的交换也包括由于人的罪孽而引起情感上的痛苦。两种由我们的罪孽带来的最为残忍的伤害是羞辱和拒绝。十字架的刑罚是所有死刑中最令人感到羞辱的刑罚。在十字架上，耶稣忍受了与天父隔离的最难以忍受的拒绝。祂呼唤阿爸父神的时候，没有得到回应。再一次，耶稣承担我们的恶果，使我们可以得享美善。

耶稣承担咒诅，使我们得享祝福。

在加拉太书 3 章 13-14 节，保罗对此做了总结：

基督既为我们受了咒诅，就赎出我们脱离律法的咒诅；因为经上记着："凡挂在木头上都是被咒诅的。"这便叫亚伯拉罕的福，因基督耶稣可以临到外邦人，使我们因信得着所应许的圣灵。

这是我们得释放的基础，它基于相信耶稣基督在十字架上所成就的一切。就像我们之所以成为义的，是因为祂担当了我们的罪孽；我们接受祝福，是因为祂为我们承受咒诅。在申命记 21 章 23 节，摩西律法说：被挂在木头上的人是受咒诅的。每个了解摩西律法的犹太人，当他们看到耶稣被挂在十字架上时就知道祂受了咒诅。

感谢神，祂受了咒诅，使我们可以从咒诅中得释放。

我们得释放之后，要记住当继续满足蒙祝福的条件，就是继续听神的声音，顺服神的旨意。约翰福音 10 章 27 节说：**"我的羊听我的声音，我也认识他们，他们也跟着我。"**

这是蒙祝福的法则，若是你被置于咒诅之下，想要得祝福，首先一定要从咒诅中得释放。借着耶稣在十字架上的代赎，我们拥有这些祝福，因为耶稣已经为我们得着了这祝福。我们所要做的就是迈出一步，从拥有到经历，让这祝福在我们的生命中体现出来。我来告诉你应该怎么做。神已经为我们成就了这个祝福，耶稣已经为我们的罪做了交换，现在，我们要相信祂，接受祂的救赎，并且得享神为我们所作的一切。

八、得释放的七个步骤

救恩一词包含了神愿意为我们所作的一切。在《新约圣经》的翻译过程中，救恩一词的希腊文原意在某种程度上没有被完全翻译出来，只保留了"救"的意思，但其本意远超过这些。

"救"常被用于身体得医治的情况。但也有从邪灵的捆绑中得释放，死人复活（如拉撒路的例子）在提摩太后书 4 章 18 节，保罗用同一个词描述在他一生当中，神救他脱离诸般凶恶。

救恩包括全人的每个部分，保罗在帖撒罗尼迦前书 5 章 23 节的祷告中，对此有一个完美的总结："**愿赐平安的神亲自使你们全然成圣。又愿你们的灵与魂与身子得蒙保守，在我主耶稣基督降临的时候，完全无可指摘。**"救恩包括人所有的灵、魂、体，不过要等到耶稣再来，身体复活的时候才得以完成。

然而，没有人能够在一瞬间进入丰富完备的救恩。通常是从一个阶段逐渐进入另一个阶段。很多基督徒只停留在罪得赦免的阶段，他们不知道还有很多其他丰盛的预备等着他们。

神有主权决定每个人将如何领受这些供应，但神对我们每个人都单独对待。神赐予我们选择权，二选一的原则很清楚：得到生命，蒙祝福；反之，引向死亡，受咒诅。如同以色列人一样，我们的选择决定我们的命运。我们的选择也会影响我们的子孙后代。

一旦做出选择，就可以除去任何临到我们生命中的咒诅。我们要通过哪些步骤除去咒诅呢？这并没有什么固定的模式可以遵循。然而，我相信以下这七个步骤对你会有所帮助。

1. 承认你信耶稣以及祂为你作出的牺牲

在罗马书 10 章 9-10 节中，保罗指出要遵守两个必要条件，才能得到基督所付代价的益处：心里**相信**神让耶稣从死里复活；口里**承认**耶稣是主。心里相信还不够，还要嘴里承认才能实现。

"承认"一词的意思是"说出所相信的"。依据《圣经》的信仰，承认的意思是，用我们的口说出神已经说出的话语。在希伯来书 3 章 1 节，耶稣被称作"我们所认为的大祭司"。当我们作出符合《圣经》的承认时，就等于宣告祂为着我们的利益所作的祭司职分。

2. 为你的悖逆和罪悔改

对于你悖逆神以及由此引发的罪，你必须承担个人责任。以下仅是一个建议的宣告，表明你向神认罪悔改：主啊，我弃绝一切的悖逆和所有的罪，顺服祢，并以祢为我的主。

3. 接受罪的赦免

"未被饶恕的罪"是阻碍我们生命得着祝福的极大障碍。神已经赐下赦罪的恩典，但神要我们先认罪。或许神已经向你显明你的某些特定的罪，这些罪将你置于咒诅之下。若是如此，你要先承认自己的这些罪。**"我们若认自己的罪，神是信实的，是公义的，必要赦免我们的罪，洗净我们一切的不义。"**（约翰一书 1:9）

4. 饶恕所有曾经伤害或者错待你的人

在生命中另外一个阻碍神祝福我们的极大障碍是我们心里对某个人的不饶恕。饶恕一个人不是一个情绪问题，而是一个决定。请神将那些你需要饶恕他们的人告诉你，圣灵会催促你做正确的决定，这与你有益。请大声说："主啊，我饶恕＿＿＿＿＿＿"

5. 弃绝一切与邪术或撒旦有关的连结

这包括各样仪式和行为。如果你曾经涉及此类活动和仪式，就已经跨越一个不可见的界线，进入撒旦的国度。从那个时候起，无论你是自知，撒旦已经视你为祂国度的一员了。祂认为祂对你有权柄，最后你需要永远切断与撒旦的连接。如果你不确定是否参加过类似的活动，祈求神向你显明。你需要清除所有与撒旦有关连的物品，包括所有的图片、护身符、书等。最好是烧毁、打碎或者毁掉。

6. 做除去咒诅得释放的祷告

你的信仰根基建立在耶稣十字架上的牺牲，这一点很重要。你不需"赚取"释放，你也不"配得"。

要做一个如下的祷告：

主耶稣基督，我相信你是神的儿子及唯一通往父神的路；且相信你为我的罪死在十架上并从死里复活。

我撇弃一切的叛逆及一切的罪，并顺服你为我的主。

我在你面前承认我一切的罪，特别是任何使我暴露在咒诅之下的罪，祈求你的赦免。

同时求你把我从祖先犯罪的后果之下释放出来。

我决定饶恕所有曾伤害我或恶待我的人，正如我需要你的饶恕一样。我要特别饶恕……

我弃绝与秘术或撒旦有关的连结。若我有任何相关之物，我承诺销毁它们。撤消一切撒旦攻击我的权利。

主耶稣，我相信你在十字架上已承担了临到我身上的一切咒诅。

现在我恳求你把我从临到我生命的每一个咒诅下释放出来。

奉主耶稣基督的名求现在我凭信接受我的释放，并为此感谢你。

7. 确认你已领受祝福并继续活在神的祝福中

不要在这阶段尝试分析自己将会得到何种形式的祝福，或神如何给你。将其交在神的手中。让神按照祂的方法和时间行动。你无须理会。你的本分只是向神毫无保留地开放自己，让神带领你，供应你。等待神的回应是一件多么令人兴奋的事情！

九、出黑暗入光明

若你按前面章节的指导，给出相应地回应，你就已经跨过一个无形的界限。在你背后的，是被不同来源的各样咒诅所遮蔽的领域，；而在你面前的，是被神祝福的光芒所照亮的世界。

这些是你在基督里全部的产业，有待你去探究及领取。在此，不妨重温摩西在申命记 28 章 2-13 节中所列的祝福：

◆ 高举

◆ 健康

◆ 倍增

◆ 昌盛

◆ 得胜

◆ 蒙神悦纳

反复读这些词，求神将这产业赐给你。感恩是信心最完全的表达，若你在咒诅中挣扎了很久，你可能不会立即把在你思想中的黑暗驱走。重复这些描述祝福的词语，犹如见到阳光照进黑暗的山谷，这光将向四面八方散布开来，直至照亮整个山谷。从黑暗入光明的形式可能各不相同。没有单一的模式。有些人会经历几乎是即刻的释放，并似乎立即进入《圣经》所应许的祝福中。而其他人，尽管同样的真挚渴慕，可能要经过漫长而痛苦的挣扎，尤其是那些陷入邪术时间较长的人。

神的想法不同于我们的想法。祂为我们安排那些我们无法测透的事。但神总是信守诺言。要注意的是，神通常不预先启示，祂在每个生命中有祂工作的计划和时间。人不能指定神如何履行祂的应许。

我们需要再一次看保罗在加拉太书 3 章 13-14 节中所描述这"交换"的积极层面：

基督既为我们受了咒诅，就赎出我们脱离律法的咒诅。因为经上记着：凡挂在木头上都是被咒诅的。这便叫亚伯拉罕的福，因基督耶稣可以临到外邦人，使我们因信得着所应许的圣灵。

保罗就应许的祝福指出了三个重要的事实：首先，祝福不是模糊的或未经详细说明的事，而是十分明确的：亚伯拉罕的祝福。在创世记 24 章 1 节，对它的范围有详细的说明："**向来在一切事上，耶和华都赐福给他。**"

第二，祝福是因着基督耶稣才临到。我们不能靠自己的努力赚取它。祝福的赐予只建立在借着耶稣与神所建立的关系上。

祝福是"圣灵的应许"。三位一体的真神——圣父、圣子与圣灵——同有一个目的，就是与我们分享借耶稣的受死为祭为我们所赎回的一切。这是远超人所能理解的，我们必须依赖圣灵的引导，来充分领受并完全展现神所赏赐的一切。在罗马书 8

章14节，保罗再次强调了圣灵独特的角色："**因为凡被神的灵引导的，都是神的儿子**"。"被圣灵引导"不是单单一次的经历，而是必须时刻依靠，这是通往成熟的属灵生命唯一的路径。

圣灵能分辨属灵拦阻的原因，而我们顺服引领是在属灵领域中的一个重要因素。

东马沙捞越州的大部分居民是伊班人，他们的文化深受万物有灵论的影响，很多仪式包括咒诅、咒语和护身符等。击破捆绑得自由的信息带给他们很大的冲击，在很多村落里，人们祷告的时候，很多人认罪悔改，从邪灵的捆绑中被释放出来。在各处都有大量的护身符被烧毁。在此之后，有某个地方的一座房子依然可以感受到邪灵在作祟，圣灵催促他们绕着那房子转圈行进。在绕到第七圈的时候，带领者大喊："停！"立刻有一个护身符落到地板上，这是那个村里最有威力的咒文。后来村民把它给烧了，从此人们有了极大的平安和喜乐。

当你学会顺服圣灵的引领，凭信心承认神的应许，同样的平安和喜乐也是属于你的。在前面章节中提到的释放祷告中，其焦点是希伯来书3章1节所揭示的真理，耶稣是"**我们的大祭司**"。这个原则也主导我们与神的关系。无论在哪种情况下，我们都要作出与《圣经》一致的宣告，继续请求耶稣做我们的大祭司。通常，我们有三种回应方式：正面且符合《圣经》教导的宣告；不宣告；负面且与《圣经》抵触的宣告。如果我们的宣告是积极的，耶稣就会帮助我们并满足我们的需求；如果我们没有宣告，我们在困境面前就会束手无策；如果我们作出消极的宣告，我们就将自己置于魔鬼、邪灵的权势之下。

能够分辨是基于信心和《圣经》的宣告或是基于属世愿望的想法很重要。首先,依据《圣经》的"宣告"限于《圣经》的应许和陈述,一旦逾越这个界限,我们就不能再往前了。其次，宣告只有在满足一定的条件下才有效，这条件与神的应许有关。宣告代替不了顺服。再者，宣告从来都不是"系统"或者"公式"，任由人来操控。我们不能掌控神。真诚的信心唯有来自圣灵，可以产生带有能力的话语，以实现我们所宣告的。希伯来书 10 章 23 节鼓励我们持守我们的信心，**"也要持守我们所承认的指望，不至摇动，因为那应许我们的是信实的。"**然而，有一个比承认还强烈的信仰告白是"宣告"，宣告里包含没有任何异议或者反对的意思，也含有从防守变成进攻的意思。

在服侍过程中，我和妻子时常祷告求神在每一天都保守我们。我们建议你也这样做，帮助你出黑暗入光明，除去咒诅进入神丰盛的祝福之中。

如何在智能手机上安装应用程序（App）

可复制网址到智能手机的浏览器，或使用二维码安装适用于您智能手机的应用程序（App）

iPhone/iPad手机下载网址:

https://itunes.apple.com/sg/app/
ye-guang-ming-ye-guang-ming/
id1028210558?mt=8

若干安卓手机下载地址如下，供您选择:

https://play.google.com/store/
apps/details?id=com.subsplash.
thechurchapp.s_3HRM7X&hl

叶光明事工微信公众平台:

DPM06

www.ingramcontent.com/pod-product-compliance
Lightning Source LLC
Chambersburg PA
CBHW071853020426
42331CB00007B/1989